Rätsel um Leonardo

Published in the French language originally under the title:
Escape Game Poche – Alex et le secret de Léonard de Vinci
© 2019, Éditions Larousse, France.
ISBN 978-2-03-596981-1

Für die französische Originalausgabe:
Projektleiterin: Carine Girac-Marinier
Herausgeberin: Ella-Meï Tabernero Chaudet
Künstlerische Leitung: Uli Meindl
Grafisches Konzept: Sophie Rivoire
Satz: Tiphaine Desmoulière
Illustrationen: Vincent Raffaitin
Bildnachweis (S. 35, 36, 37): © Shutterstock
Herstellung: Marlène Delbeken

© 2020 für diese deutsche Ausgabe:
Ullmann Medien GmbH

Übersetzung aus dem Französischen: Marta Wajer
Lektorat: Ute Jansen
Satz: ce redaktionsbüro, Heinsberg
Coveradaption: Beate Lennartz
Projektleitung: Daniel Fischer

Gesamtherstellung: Ullmann Medien GmbH,
Rolandsecker Weg 30, 53619 Rheinbreitbach

ISBN 978-3-7415-2492-9

10 9 8 7 6 5 4 3 2 1

www.ullmannmedien.com

Rätsel um Leonardo

Vincent Raffaitin

Rätsel um Leonardo

Pocket Escape Books

Escape Game-Taschenbücher sind eine Mischung aus einem literarischen Abenteuer und einem klassichen Escape-Spiel, in dem Sie der Held/die Heldin sind.

Sie sind in einem Raum eingeschlossen, müssen Ihre Umgebung erkunden und Gegenstände, die Ihnen zur Verfügung stehen, benutzen, um in einer vorgegebenen Zeit aus dem Raum herauszukommen. Beobachtungsgabe, Nachdenken und Fantasie führen zum Ausgang des Raums bzw. zur Lösung eines Rätsels.

Dieses Buch besteht aus mehreren Abschnitten.

Die Räume

Das Buch wird linear gelesen – also von vorn bis zur letzten Seite. Manchmal muss ein ganzes Kapitel gelesen werden, damit Sie Hinweise finden, die zur Lösung des Rätsels führen. Wenn ein Rätsel gelöst werden muss, ist dieses in **fetter Schrift** gesetzt.

Pocket Escape Books

Haben Sie die Lösung gefunden, blättern Sie eine Seite weiter, um Ihr Abenteuer fortzusetzen. Die Lösung und der Lösungsweg werden sofort nach dem Rätsel erläutert.

Schauen Sie sich die Abbildungen genau an: Sie könnten versteckte Buchstaben enthalten, mit denen Sie Objekte oder Aktionen einleiten oder Hinweise erhalten. Wenn Sie einen Buchstaben finden, schlagen Sie in der Tabelle auf Seite 123 nach, welche Bedeutung dieser Buchstabe hat.

Ein Beispiel: In dieser Zeichnung ist ein Buchstabe versteckt. Finden Sie ihn?

Rätsel um Leonardo

Wenn Sie sich den Stilansatz der Aprikose ganz links anschauen, erkennen Sie den Buchstaben C. Sie müssen nun die Bedeutung dieser Information in der Tabelle auf Seite 123 nachschauen.

Die Hinweise

Ab Seite 120 finden Sie alle Hinweise, die Ihnen bei der Lösung eines Rätsels weiterhelfen – pro Rätsel zwei. Lesen Sie den zweiten Hinweis nur dann, wenn Sie gar nicht mehr weiterkommen. Bitte beachten Sie, dass generell Hinweise nur dann gelesen werden sollten, wenn dies unbedingt erforderlich ist, da die Lösung dadurch natürlich sehr vereinfacht wird.

Die Lösungen

Wenn Sie der Meinung sind, die Lösung eines Rätsels gefunden zu haben, blättern Sie zur nächsten Seite und lesen die Lösung, um Ihr Abenteuer fortzusetzen.

Pocket Escape Books

Jedes Mal, wenn Sie einen *Fehler* begehen, machen Sie ein Kreuz in der nachfolgenden Tabelle.

Bei drei Kreuzen müssten Sie Ihr Abenteuer eigentlich beenden ...

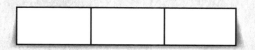

In der Tabelle unten kreuzen Sie ein Kästchen an, wenn Sie einen *Hinweis* benutzt haben. Sie dürfen maximal fünf Hinweise anfordern; wenn in der Tabelle also fünf Felder angekreuzt sind, dürfen Sie keine weiteren Hinweise mehr benutzen!

Rätsel um Leonardo

Einleitung

Paris, zu Hause
9. Januar 2019

5:23 Uhr. Wie jeden Tag ertönt das erste Gehupe auf den Straßen, das einen neuen, hektischen Tag in Paris ankündigt, und wie immer öffnen Sie um diese Uhrzeit Ihre Augen abrupt, wenn auch mit großer Mühe. Es war eine kurze Nacht, die Sie mit Georges Braque, Juan Gris und Picasso verbracht haben, um Ihren Artikel über die im nächsten Monat stattfindende Kubismus-Ausstellung im Centre Pompidou zu Ende zu schreiben. Gibt es unter diesen Umständen einen besseren Weg, geweckt zu werden als von diesen süßen, aggressiven und donnernden Geräuschen?

Einleitung

Ihre Morgenroutine beginnt. Während der Kaffee läuft, nehmen Sie eine Dusche und suchen sich gedankenverloren Ihre Klamotten aus dem Schrank. Sie trinken den Kaffee, während Sie Ihre Mails und die Neuigkeiten in den sozialen Medien checken. Ah, Ihre beste Freundin und ihr neuer Lover verbringen ein paar Tage in Marokko. Der Himmel ist blau, die Landschaft wunderschön …

Sie sind Junggeselle und verdienen Ihr Geld als Freiberufler. Aber Sie sind sicher, dass Sie eines Tages die Liebe Ihres Lebens finden. Eines Tages.

Rätsel um Leonardo

Doch heute ist es nicht die Liebe, die so früh an Ihre Tür klopft. Sie wissen nicht, wer es ist, weil durch den Türspion niemand zu sehen ist.

Sie öffnen die Tür und stellen fest, dass ein Paket auf Ihrer Fußmatte abgelegt wurde. Im Treppenhaus sind zwar polternde Schritte zu hören, die sie aber nicht weiter beachten.

In diesem Moment schrillen bei Ihnen die Alarmglocken: Das könnte ein Bombenattentat sein! Sie sehen schon die Schlagzeile: „Junger Kunstjournalist bei Explosion in seiner Wohnung getötet!" Nun, ein bisschen Prominenz kann nicht schaden, aber nicht auf diese zweifelhafte Weise …

Als Sie sich das Paket genauer ansehen, stellen Sie fest, dass tatsächlich Sie der Empfänger sind. Eine Karte, auf der Ihr Name steht, beweist, dass Sie eindeutig der Adressat sind.

Einleitung

MONSIEUR MIRZOYAN! ICH WÜNSCHE CHARMANTEN LESESPASS!

Ihr Nachbar, ein Spezialist für Klatsch und Tratsch aller Art, lugt schon hinter seiner Wohnungstür hervor. Kurzerhand schnappen Sie sich das Paket und schließen die Tür.

Ziemlich schwer! Der Karton muss etwas Imposantes enthalten, denn obwohl er nicht sehr groß ist, wiegt er eine ganze Menge. Sie räumen den Tisch frei, schnappen sich eine Schere und öffnen das Paket vorsichtig.

Rätsel um Leonardo

Im Paket befindet sich eine alte Holzkiste. Zumindest scheint es kein Sprengsatz zu sein. Sie stellen die Kiste auf den Tisch und sehen an der Vorderseite unter dem Deckel vier kleine Metallräder.

Zum Öffnen bräuchten Sie die Nummernkombination der Drehrädchen. Sie stellen fest, dass jedes Rädchen die Position 0 bis 9 einnehmen kann, wenn Sie daran drehen. Ansonsten fällt Ihnen an der Kiste nichts Besonderes auf.

Eine hübsche Kiste, das war's. Warum hat jemand dieses Paket an Sie geschickt? Oh! Das ist einfallsreich!

Ein paar Minuten später glauben Sie, den Code gefunden zu haben.

Notizen

Einleitung

Blättern Sie nicht um, wenn Sie den Code nicht gefunden haben. Wenn Sie sich sicher sind, richtig zu liegen, lesen Sie die nächste Seite, und setzen Sie Ihr Abenteuer fort. Wenn Sie nicht weiterkommen, lesen Sie **Hinweis 4768** am Ende des Buches.

Sie kommen immer noch nicht weiter? Dann lesen Sie **Hinweis 4943**.

Rätsel um Leonardo

Die Karte, die der Box beilag, ist der Schlüssel! Als Beim genaueren Hinsehen bemerken Sie, dass einige Buchstaben fett geschrieben sind.

M M C L

Dieser Code besteht aus römischen Ziffern! *M* steht für 1000, *C* für 100 und *L* für 50.

Das ergibt **2150**.

Sie stellen die Rädchen entsprechend ein und können die Kiste öffnen. Im Inneren finden Sie ein Pergament mit Skizzen und ein Blatt Papier mit der Überschrift *„Decoder für versteckte Buchstaben"*.

Beim Versuch, das Pergament zu entziffern, können Sie ein Lachen nicht unterdrücken. Offensichtlich erlaubt sich jemand einen Scherz mit Ihnen. Sie erinnern sich an Pilou, Ihren Freund aus Kindheitstagen, der immer lachte, wenn Sie einen guten Witz zum Besten gaben. Doch je intensiver Sie auf das Pergament starren, desto realer wird es. Verdammt real.

Einleitung

Vor 500 Jahren habe ich diese Welt verlassen. Falls mein Lehrling, der junge Francesco Melzi, seine Pflicht erfüllt hat, sollte dieser Text eine Person erreichen, die es verdient, meine Arbeit zu würdigen. Meine Zeitgenossen kritisieren mich ständig, sind gemein und eitel.

Ich hoffe, dass die Menschheit zum gegenwärtigen Zeitpunkt etwas anders denkt.

Viele meiner Arbeiten werden mich überleben, aber ein Grossteil meiner Forschung blieb im Verborgenen, um nicht in korrupte und falsche Hände zu fallen.

Ich hinterlasse auf diesen Seiten Hinweise darauf, wie man sie entschlüsseln kann. Alles beginnt mit einem Teil!

Leonardo Da Vinci

Rätsel um Leonardo

Einleitung

Die Notiz auf der Karte ergibt Sinn – so viel zum Thema „Charmanter Lesespaß"!

Ihnen wird so schwindelig, dass Sie sich hinsetzen müssen. Sie trauen Ihren Augen kaum.

Die Spiegelschrift, die Skizzen, die Textur des Pergaments ... Das muss ein Original von Leonardo da Vinci sein!

Wenn Sie es richtig verstehen, hat er einen Teil seiner Skizzen von Erfindungen und Forschungsdokumenten zu Lebzeiten versteckt, weil er der Meinung war, dass die Welt nicht so weit war, sein Wissen richtig nutzen zu können. Er hoffte, dass die Menschen 500 Jahre später in der Lage sein würden, seine Erkenntnisse zu verstehen und zu würdigen.

Allmählich kriegen Sie sich wieder ein und drehen das Pergament um. Auf der Rückseite finden Sie Skizzen, Zeichnungen und eine Tabelle.

Rätsel um Leonardo

Klare Sache: Diese Geschichte müssen Sie genauer untersuchen! Schließlich könnte dies die Story sein, die Ihrer journalistischen Karriere zum Durchbruch verhilft.

Sie stellen sich vor, wie Sie den Artikel Ihrem Chef vorlegen. Aber Sie benötigen konkrete Fakten, damit Sie nicht für verrückt gehalten und sofort ins Irrenhaus gesteckt werden!

Wo sollen Sie anfangen?

Wie können Sie diese Nachricht entschlüsseln?

Blättern Sie nicht um, wenn Sie den Code nicht gefunden haben. Wenn Sie sich sicher sind, richtig zu liegen, lesen Sie die nächste Seite, und setzen Sie Ihr Abenteuer fort.

Wenn Sie nicht weiterkommen, lesen Sie **Hinweis** 2993 am Ende des Buches. Sie kommen immer noch nicht weiter? Dann lesen Sie **Hinweis** 4319.

Notizen

Rätsel um Leonardo

Kapitel I
Schloss Clos Lucé

Es dauert ein wenig, bis Sie den Text erfolgreich entschlüsselt haben. Schließlich hat da Vinci die Spiegelschrift verwendet, um seine Schriften vor neugierigen Blicken zu schützen!

Vor 500 Jahren habe ich diese Welt verlassen. Falls mein Lehrling, der junge Francesco Melzi, seine Pflicht erfüllt hat, sollte dieser Text eine Person erreichen, die es verdient, meine Arbeit zu entdecken. Meine Zeitgenossen kritisieren mich ständig, sind gemein und eitel. Ich hoffe, dass die Menschheit zum gegenwärtigen Zeitpunkt etwas anders denkt. Viele meiner Arbeiten werden mich überleben, aber ein Großteil meiner Forschung blieb im Verborgenen, um nicht in korrupte und blutrünstige Hände zu geraten. Ich hinterlasse auf diesen Seiten Hinweise darauf, wie man sie entschlüsseln kann. Alles beginnt mit einem Tee!

Kapitel I – Schloss Clos Lucé

Das ist soweit verständlich, aber der letzte Satz macht Sie stutzig: *„Alles beginnt mit einem Tee!"*

Auf der Rückseite des Pergaments sehen Sie ein paar Kringel, die Sie nicht wirklich weiterbringen, aber dann erkennen Sie, dass es ein Wortspiel ist: „Alles beginnt mit einem T". Sie blicken auf das Raster, suchen nach einem T und entdecken folgenden Satz: *Treffpunkt in Clos Lucé*.

Ohne zu zögern senden Sie Ihrem Chef eine SMS, dass Sie dringend eine Recherche machen müssen und vorerst nicht zu erreichen sind, packen den *Decoder für versteckte Buchstaben* ein, der sicher nützlich sein wird, und begeben sich zum Bahnhof Austerlitz, um den ersten Zug nach Amboise zu erreichen. Nicht mehr lange, und Sie werden vor den Toren des Schlosses Clos Lucé, dem letzten Wohnsitz von Leonardo da Vinci, stehen.

Sie nehmen Ihren Platz ein, und der Zug fährt endlich ab. Zur Mittagszeit kommt der Essensservice vorbei. Sie bestellen einen Salat, ein Getränk

Rätsel um Leonardo

und ein Dessert. Nichts ist besser als ein gutes Essen, um ein großartiges Abenteuer zu beginnen!

Nach dem Essen fühlen Sie sich plötzlich sehr müde. Eine kleine Pause wird Ihnen gut tun. Sie müssen Energie tanken, die nächsten Tage werden bestimmt anstrengend! Sie drücken Ihre Tasche mit dem kostbaren Pergament an sich. Langsam beginnt sich alles um Sie herum zu drehen. Ihre Sicht ist wie vernebelt, dann wird alles dunkel.

Sie träumen von Leonardo und wie er ausgesehen haben könnte. Er war bestimmt ein echter Lebemann. Sie träumen davon, wie er in seinem Atelier seine Zeit mit Zeichnen, Malen und der Konstruktion von Maschinen zubrachte.

Sie können sogar das Gemäuer und die Feuchtigkeit des Schlosses riechen, in dem er gearbeitet hat …

Kapitel I – Schloss Clos Lucé

Als Sie Ihre Augen öffnen, blicken Sie sich verwirrt um. Haben Sie am Ende durch Ihr Nickerchen die Station Amboise verpasst?

Ihr Kopf ist schwer und Sie haben einen pappigen Geschmack im Mund, Ihre Augen können sich kaum an das wenige Licht gewöhnen. Sie stellen erstaunt fest, dass Sie sich nicht mehr im Zug, sondern ganz offensichtlich in einem Keller befinden! Vor Ihnen steht ein Modell des berühmten Panzers von Leonardo da Vinci. Ganz sicher sind Sie in einem Keller des Schlosses Clos Lucé gelandet!

Wie konnte das passieren? Sie überprüfen unter Schmerzen Ihre Lage und stellen fest, dass Sie an einen der Holzpfosten im Raum gekettet sind. Ein Vorhängeschloss hält die Ketten zusammen. Zum Öffnen benötigen Sie einen dreistelligen Code.

Rätsel um Leonardo

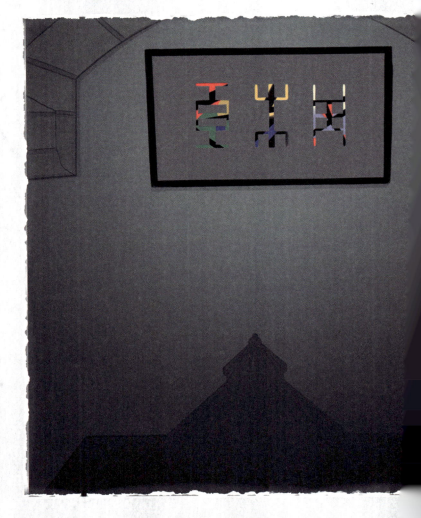

Kapitel I – Schloss Clos Lucé

Rätsel um Leonardo

Sie schlagen um sich und rufen um Hilfe. An der Wand gegenüber bemerken Sie einen Bildschirm, der sich automatisch einschaltet. Man hört nur ein Rauschen, doch plötzlich erklingt eine Stimme.

„Gut geschlafen? Wir entschuldigen uns für diese rüden Manieren, aber wir konnten nicht das Risiko eingehen, dass du tagsüber im Schloss ankommst und Fragen stellst. Das hätte Verdacht erregt, und das ist das Letzte, was wir wollen. Du musst, so wie wir, so diskret wie möglich bleiben. Wir sind Schüler von Leonardo da Vinci und wissen, dass auch eine andere Organisation nach den verborgenen Werken unseres Meisters sucht. Pass auf dich auf und vertraue niemandem."

Sie sprechen zu der Stimme, die aus dem Bildschirm ertönte, und bitten darum, losgebunden zu werden, aber anscheinend handelte es sich um eine schon früher aufgezeichnete Nachricht. Als das Rauschen aus dem Lautsprecher aufhört, erscheinen auf dem Bildschirm drei Symbole.

Sie versuchen sich zu beruhigen. Schließlich haben Sie die Botschaft von Leonardo da Vinci ja nicht

Kapitel I – Schloss Clos Lucé

ohne Hilfe von außen bekommen. Es muss Menschen geben, die die Anweisungen, die Sie erhalten haben, seit Generationen kennen und geheim halten. Und nach dem, was Sie gerade gehört haben, waren sie die „Guten" in dieser Geschichte.

Als Sie an der Kette rütteln, haben Sie etwas mehr Bewegungsfreiheit und erkennen das Ende des Korridors auf der rechten Seite. Es gibt Treppen, die sicherlich zum Erdgeschoss führen, denn Sie sehen Licht unter einer Tür hindurchscheinen.

Aber zuerst müssen Sie das Vorhängeschloss öffnen, das Sie vor dem Bildschirm gefangen hält.

Blättern Sie nicht um, wenn Sie den Code nicht gefunden haben. Wenn Sie sich sicher sind, richtig zu liegen, lesen Sie die nächste Seite, und setzen Sie Ihr Abenteuer fort.

Wenn Sie nicht weiterkommen, lesen Sie **Hinweis 5018** am Ende des Buches.

Sie kommen immer noch nicht weiter? Dann lesen Sie **Hinweis 5146**.

Rätsel um Leonardo

Kapitel I – Schloss Clos Lucé

Rätsel um Leonardo

Durch genaues Betrachten der Symbole auf dem Bildschirm können Sie die Ziffern **2**, **4** und **6** erkennen. Jede Ziffer wird pro Symbol viermal symmetrisch wiederholt. Schnell drehen Sie die Nummern an den Rädern des Vorhängeschlosses in die richtige Position.

Endlich! Sie können sich von den Ketten befreien. Nachdem Sie einen Lichtschalter gefunden haben, durchströmt blasses Neonlicht den Raum.

Beim Erkunden des Raums sehen Sie Modelle des italienischen Genies mit all ihren beeindruckenden Details. Einem der Wandschilder zufolge wurden sie von Ingenieuren und aus Materialien der damaligen Zeit hergestellt.

Sie stehen vor den Erfindungen Leonardos in den Bereichen Zivil- und Militärtechnik, Mechanik, Optik, Hydraulik und sogar Luftfahrt.

Kapitel I – Schloss Clos Lucé

Wie gern hätten Sie sich das unter anderen Umständen genauer angeschaut, aber dafür ist jetzt nicht die Zeit.

Sie gehen zur Treppe und kommen vor einer schweren Tür an, die durch ein digitales Türschloss verschlossen ist. Sie sind sich sicher, dass irgendwo im Raum ein Hinweis versteckt sein muss!

Wie lautet der fünfstellige Code, der die Tür öffnet?

Blättern Sie nicht um, wenn Sie den Code nicht gefunden haben. Wenn Sie sich sicher sind, richtig zu liegen, lesen Sie die nächste Seite, und setzen Sie Ihr Abenteuer fort.

Wenn Sie nicht weiterkommen, lesen Sie **Hinweis 3845** am Ende des Buches. Sie kommen immer noch nicht weiter? Dann lesen Sie **Hinweis 4673**.

Rätsel um Leonardo

Tatsächlich! Auf der Gewölbeeinfassung finden Sie ganz oben den Buchstaben **A** eingraviert. Hinter dem Buchstaben ertasten Sie ein kleines Loch, in dem ein kleiner zusammengerollter Zettel steckt. Sie entfalten ihn und lesen:

„Code des Tages: BEIGE"

Aber wie soll man dieses Wort in das digitale Türschloss eintippen, in das nur Zahlen eingegeben werden können? Ein Geistesblitz durchfährt Sie. Damals in der Schule haben Sie Ihrer kleinen Freundin eine Geheimnachricht zukommen lassen und das Wort LIEBE in den Taschenrechner eingegeben. Natürlich! Wenn Sie den Zettel um 180 Grad drehen, wird aus dem Wort BEIGE die Zahlenfolge 39138.

Sie geben die Zahlen 39138 in das digitale Türschloss ein. Ein Klicken ertönt, die Tür öffnet sich. Glück gehabt! Die frische Luft tut Ihnen gut. Aber ... draußen ist es dunkel! Der Tag ist vorbei.

Kapitel I – Schloss Clos Lucé

Sie betreten die Schlossküche. Es ist ein Raum mit einfachem Mobiliar: ein rustikaler Tisch mit Blick auf einen großen Kamin, ein paar Vorhänge an den Wänden, eine Sitzbank und zwei kleine Möbelstücke, die wie Schränke aussehen.

Sie durchqueren die Küche und betreten das Esszimmer – ein großer Raum mit einem langen Tisch in der Mitte sowie Reproduktionen von drei berühmten Gemälden: *Johannes der Täufer*, *Anna selbdritt* und die berühmte *Mona Lisa*.

Als Sie die Tafeln neben den Werken lesen, erfahren Sie, dass Leonardo da Vinci im Jahr 1516 auf Drängen des jungen König Franz I. eingeladen wurde, seine letzten Jahre in Frankreich zu verbringen. Die drei unvollendeten Gemälde hatte er in seinem Gepäck.

Sie könnten sie stundenlang betrachten und sich an diesen faszinierenden Kunstwerken ergötzen – obwohl es sich nur um Reproduktionen handelt. Angeblich stand Leonardos Schüler Gian Giacomo

Rätsel um Leonardo

Caprotti da Oreno, auch bekannt als „Salai" und gerüchteweise Leonardos Geliebter, für den heiligen Johannes Modell. Es wird behauptet, dass er sogar als Vorlage für das Porträt der Mona Lisa gedient habe.

Wirklichkeit? Fantasie? Sie haben jetzt nicht die Zeit dafür und müssen die Räume weiter erforschen. Aber wohin soll es gehen? Wonach soll gesucht werden? Leonardo war in seinem Brief nicht sehr präzise. Sie wissen, dass Sie am richtigen Ort sind, aber das bringt Ihnen nicht allzu viel.

Eine Broschüre über das Schloss liegt auf dem Tisch. Sie sehen sie sich kurz an.

Kapitel I – Schloss Clos Lucé

Reisen Sie im Schloss Clos Lucé durch 500 Jahre Geschichte!

Das Schloss Clos Lucé, auch als Château du Cloux bekannt, befindet sich im Zentrum von Amboise im Herzen des Loiretals.

1471 erbaut, wurde es von Karl VIII. gekauft und diente den französischen Königen als Sommerresidenz. 1516 stellte König Franz I. das Schloss Clos Lucé Leonardo da Vinci zur Verfügung, als dieser Italien verließ. Das Universalgenie verbrachte dort seine letzten Tage bis zu seinem Tod im Jahr 1519. Seine einzigen Gepäckstücke waren ein paar Ledertaschen, in denen er seine Skizzenbücher und drei berühmte Gemälde transportierte: die *Mona Lisa*, *Johannes der Täufer* und *Anna selbdritt*.

La Gioconda, auch *Porträt von Mona Lisa* oder einfach *Mona Lisa* genannt, ist das wohl berühmteste Gemälde Leonardos. Es ist das Porträt einer jungen Frau bis zur Taille; wahrscheinlich stellt es Lisa Gherardini, die Gattin von Francesco del Giocondo dar. Sie sitzt auf einem Stuhl und schaut den Betrachter an.

Rätsel um Leonardo

Johannes der Täufer ist ein Gemälde, das angeblich vom florentinischen Papst Leo X. als Hommage an den Schutzpatron von Florenz in Auftrag gegeben wurde. Es zeigt den Heiligen vor einem dunklen Hintergrund, gekleidet in ein Tierfell, einen Kreuzstab in der linken Hand haltend und den Zeigefinger der rechten Hand in Richtung Himmel streckend.

Park

Kapitel I – Schloss Clos Lucé

Das Gemälde zeigt die Jungfrau Maria, das Jesuskind und die heilige Anna, die Mutter Marias. *Anna selbdritt* ist ein unvollendetes Gemälde, an dem Leonardo fast 20 Jahre lang bis zu seinem Tod gearbeitet hat. Das Bild bringt drei Generationen zusammen: Großmutter, Mutter und Kind.

Rätsel um Leonardo

Sie haben vor einiger Zeit die Legende gelesen, nach der Leonardo in den Armen des Königs gestorben sei. Aber zeitgenössischen Dokumenten zufolge war der König an diesem Tag bei der Taufe seines Sohnes in Saint-Germain. Sie haben das Gemälde von Ingres im Kopf, der den Tod des alten Mannes in seinem Zimmer darstellt.

Das Zimmer! Das ist es! Dort hat er sicherlich seine letzten Schriften verfasst. Laut Plan befindet sich das Wohn- und Schlafzimmer im ersten Stock.

Sie nehmen vier Stufen auf einmal, betreten den Flur und gehen bis zur zweiten Tür links.

Die Tür zu dem Zimmer ist verschlossen. Ihnen fehlt der Schlüssel. Aber vielleicht sind diese alten Schlösser nicht allzu stabil. Vielleicht könnten Sie sie mit einem Schulterstoß öffnen.

Autsch! Nein, das Schloss ist offensichtlich solider, als Sie dachten. Zum Glück haben Sie mit Ihrer blöden Idee keinen Alarm ausgelöst!

Doch der Schlag gegen die Tür hat ein Versteck an der Wand freigelegt. Hinter dem Deckel verbirgt sich eine Kiste in der Wand, in die man einen vierstelligen Code eingeben kann. Na toll.

Sie müssen diesen Code knacken, denn auf diese Weise können Sie bestimmt die Tür öffnen.

Blättern Sie nicht um, wenn Sie den Code nicht gefunden haben. Wenn Sie sich sicher sind, richtig zu liegen, lesen Sie die nächste Seite, und setzen Sie Ihr Abenteuer fort.

Wenn Sie nicht weiterkommen, lesen Sie **Hinweis 2907** am Ende des Buches. Sie kommen immer noch nicht weiter? Dann lesen Sie **Hinweis 4833.**

Rätsel um Leonardo

Diese Farben erinnern Sie an etwas. Sie haben das Gefühl, dass Sie sie schon einmal gesehen haben. Aber natürlich! Im Keller, auf dem Grundriss.

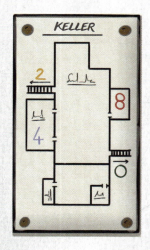

Sie bewegen die Räder des Türöffners in der Reihenfolge der Farben, bis die Ziffernfolge **2804** eingestellt ist. Als Sie an der kleinen schwarzen Verriegelung ziehen, lässt sich die Tür problemlos öffnen.

Kapitel I – Schloss Clos Lucé

Ein Schauer läuft Ihnen den Rücken hinunter, als Sie das Schlafzimmer betreten. Hier tat der große Leonardo seinen letzten Atemzug. Hier hat er zweifellos die Worte geschrieben, die Sie hierhergeführt haben.

Das Zimmer ist beeindruckend. Der Boden ist mit orangefarbenen und schwarzen Fliesen ausgelegt. Die Wände sind grau, aber dank der Reste der Wandmalerei kann man ihre frühere Pracht erahnen. Die freiliegenden Eichenbalken an der Decke verleihen dem Zimmer eine warme Note.

Rätsel um Leonardo

In der Mitte des Raumes sehen Sie ein erhabenes Himmelbett in roter Farbe. Daneben stehen ein italienischer Sekretär mit Goldintarsien, ein Tisch und zwei Stühle.

Sie nähern sich dem Bett – mit einer gewissen Trauer, aber gleichzeitig mit Ehrfurcht. Es ist wunderbar gearbeitet und zieht Ihren Blick auf sich.

Dann wenden sich Ihre staunenden Augen dem italienischen Sekretär zu – zweifellos der Sekretär des großen Leonardo, in dem tausend kleine Wunder aufbewahrt worden sein müssen.

Vor Neugier schier platzend, versuchen Sie, eine der Schubladen zu öffnen.

Aber sie bewegt sich keinen Millimeter. Auch bei anderen Schubladen haben Sie keinen Erfolg. Alle sind abgeschlossen, aber Sie sehen kein Schloss.

Wie kann man diese Schubladen öffnen? Welcher Mechanismus verbirgt sich dahinter?

Kapitel I – Schloss Clos Lucé

Rätsel um Leonardo

Sie rütteln an jeder einzelnen Schublade. Als Sie auf eine bestimmte drücken, hören Sie plötzlich ein leises Klicken. Sie warten ab, aber nichts passiert. Sie rütteln noch einmal und hören das Klicken erneut.

Es ist wahrscheinlich ein mechanisches Schloss, ähnlich wie bei einem Safe. Es muss also eine Kombination geben.

Dieses kleine Möbelstück erlaubt Leonardo da Vinci sicherlich, seine Geheimnisse zu verstecken. Sie hoffen, dass es eine Botschaft vom Meister enthält.

Sie müssen bestimmte Schubladen in einer bestimmten Reihenfolge drücken, aber welche?

Blättern Sie nicht um, wenn Sie den Code nicht gefunden haben. Wenn Sie sich sicher sind, richtig zu liegen, lesen Sie die nächste Seite, und setzen Sie Ihr Abenteuer fort.

Wenn Sie nicht weiterkommen, lesen Sie **Hinweis 4919** am Ende des Buches. Sie kommen immer noch nicht weiter? Dann lesen Sie **Hinweis 5227.**

Notizen

Rätsel um Leonardo

Am Kopfteil des Bettes entdecken Sie ein geheimes Versteck, das sich hinter dem Buchstaben **V** verbirgt. Sie finden einen Metallzylinder mit einer kurzen handschriftlichen Notiz. Das ist wahrscheinlich der Schlüssel zum Entsperren des venezianischen Sekretärs.

Wenn Sie vor dem Sekretär stehen, sehen Sie in der Mitte ein kleines Tor und darüber eine Brüstung mit einem Geländer.

Befolgen Sie die Anweisungen in der Notiz Satz für Satz und drücken Sie zuerst auf die Schublade oben rechts, dann auf die dritte Schublade von oben links und schließlich auf die untere Schublade in der Mitte.

Die Schublade rechts unten öffnet sich mit einem leisen metallischen Klicken. Sie enthält ein Pergament. Sie haben ein 500 Jahre altes Geheimnis entdeckt und etwas sagt Ihnen, dass dies nicht das letzte sein wird!

Sie nehmen das Pergament an sich.

Kapitel I – Schloss Clos Lucé

Rätsel um Leonardo

Kapitel I – Schloss Clos Lucé

Ihre erste Euphorie weicht herber Enttäuschung. Das Pergament ist vollkommen unverständlich, eine sinnlose Buchstabenkette. Es sieht aus wie eine Art Code, für den Sie aber keinen Schlüssel haben.

Und es ist niemand da, den Sie um Hilfe bitten könnten. Was für ein Mist! Festsitzen oder um Hilfe bitten? In beiden Fällen haben Sie den Eindruck, dass sich Ihr bahnbrechender Artikel und Ihre Karriere vollkommen in Luft auflösen.

Sie werfen sich auf das Bett, nicht darüber nachdenkend, wem es einst gehörte. Sie sind enttäuscht.

Doch plötzlich kommt Ihnen eine Idee in den Sinn.

Was tun Sie als Nächstes?

> Blättern Sie nicht um, wenn Sie den Code nicht gefunden haben. Wenn Sie sich sicher sind, richtig zu liegen, lesen Sie die nächste Seite, und setzen Sie Ihr Abenteuer fort.
>
> Wenn Sie nicht weiterkommen, lesen Sie **Hinweis 3238** am Ende des Buches. Sie kommen immer noch nicht weiter? Dann lesen Sie **Hinweis 4107**.

Rätsel um Leonardo

Sie können den Text entschlüsseln, indem Sie die Vorder- und Rückseite übereinanderlegen und vor eine Lichtquelle halten. Einige Buchstaben stehen auf der Vorder-, die restlichen auf der Rückseite des Pergaments. Übereinandergelegt ergibt sich folgender Text: *„Die Antwort steckt unter dem Mantel des Schutzheiligen von Florenz."*

Der Schutzheilige von Florenz? Sollen Sie etwa nach Italien reisen? Blödsinn! Sie erinnern sich an die Beschreibung der Gemälde in der Broschüre. Es muss sich um *Johannes den Täufer* handeln. Leonardo verweist Sie auf sein Gemälde.

Das müssen Sie sich genauer anschauen, aber hier im Schloss hängt ja nur die Reproduktion. Sie müssen das Original untersuchen, und das wird keine leichte Aufgabe sein.

Sie müssen zum Louvre, denn dort hängt das Original!

Kapitel I – Schloss Clos Lucé

Rätsel um Leonardo

Kapitel II
Im Louvre

Am nächsten Tag sind Sie zurück in Paris und besuchen das größte Museum der Welt mit 10 Millionen Besuchern pro Jahr.

Ihre Aufgabe: Ein Werk eines der berühmtesten Maler der Welt zu stehlen, damit Sie es genauestens untersuchen können.

Es wäre sicher am einfachsten und ungefährlichsten, dem entsprechenden Kurator von Ihrer Entdeckung zu erzählen, damit er die Ermittlungen mit allen ihm zur Verfügung stehenden Spezialisten durchführen kann, aber Sie möchten die Lorbeeren dieser Schatzsuche doch lieber für sich selbst einheimsen. Also gehen Sie volles Risiko.

Kapitel II – Im Louvre

Mit Ihrem Presseausweis betreten Sie das Museum schnell und kostenlos. Zum Glück gibt es heute keine großen Besuchermassen. Sie gehen zum Denon-Flügel im ersten Stock der Grande Galerie, Raum 710. Und dort hängt es: das echte Gemälde *Johannes der Täufer*. Es wurde vor kurzem restauriert und sieht einfach umwerfend aus.

Sie lesen die Tafel links neben dem Gemälde:
Das Kreuz in der Hand, Symbol der Passion Christi, in ein Pantherfell gekleidet, Attribut des Bacchus, erneuert der heidnische Heilige Johannes der Täufer mit seinem Synkretismus die traditionelle toskanische Ikonographie des florentinischen Schutzheiligen.

Die Perfektion seiner Androgynie, die Beredsamkeit der Geste, die Kraft des Lächelns machen ihn zu einem Meisterwerk Leonardo da Vincis.

Rätsel um Leonardo

Alles schön und gut. Aber: Wie kommen Sie an das Gemälde? Es einfach von der Wand zu nehmen, ist aussichtslos, denn das Sicherheitspersonal ist wachsam und gut organisiert. Sie können das Gemälde nicht untersuchen, ohne sich selbst in Schwierigkeiten zu bringen.

Eine Idee kommt Ihnen in den Sinn – eine schlechte Idee, eine sehr schlechte. Dennoch kommt sie immer mehr als Lösung in Betracht.

Sie wissen, dass das neue Louvre-Depot in Liévin noch nicht eröffnet wurde. Wenn ein Werk in den Ausstellungsräumen nicht mehr ausgestellt wird oder restauriert werden muss, kommt es nach unten in den Keller des Louvre.

Sie müssen es also so deichseln, dass *Johannes der Täufer* aus der laufenden Ausstellung entfernt wird. Was könnte da besser sein als ein anonymer Anruf, um eine kleine Panik auszulösen?

Kapitel II – Im Louvre

Sie stehlen einem Touristen das Handy und wählen die Nummer 17. Sie drohen dem Gegenüber am Telefon, dass Sie innerhalb einer Stunde alle im Louvre vorhandenen Werke von Leonardo da Vinci stehlen oder im schlimmsten Fall sogar zerstören werden. Danach entsorgen Sie das Telefon in einem Mülleimer.

Knapp zwanzig Minuten später kommt ein Wagen mit mehreren Metallboxen an. Zwei Männer schieben die Besucher vor dem Gemälde zur Seite. Mist. Sie können den weiteren Ablauf jetzt nur von Weitem beobachten.

Einer der Museumsangestellten hängt das Gemälde von der Wand ab, legt es zuerst in eine Holzkiste und dann in einen Metallcontainer, der sich beim Schließen sofort verriegelt. Diskret folgen Sie den Männern.

Rätsel um Leonardo

Ihre Verfolgung endet vor einer Tür, deren Durchgang der Öffentlichkeit untersagt ist.

Einer der Männer wendet sich an seinen Kollegen. Zum Glück hat er Sie nicht entdeckt! Aber Sie haben gehört, was er seinem Kollegen zugeraunt hat:

Urj yvlkzxv Urkld!

Kapitel II – Im Louvre

Er hat zwar versucht, leise zu sprechen, aber Sie haben seine Worte trotzdem hören können. Es sollte nicht allzu viel Mühe machen, seine Worte zu interpretieren. Das hört sich nach einem Code an, bei dem Buchstaben verschoben werden, wie die bekannte Caesar-Verschlüsselung.

Er tippt den Code auf der Tastatur neben der Tür ein. BEEP BEEP BEEP BEEP BEEP BEEP. Die beiden Männer treten ein und die Tür schließt sich. Der erste Schritt Ihres Plans hat funktioniert. Das Gemälde ist nicht mehr in der Ausstellung. Jetzt müssen Sie nur noch den Sicherheitsbereich des Louvre-Depots betreten.

Wie lautet der Türcode?

Blättern Sie nicht um, wenn Sie den Code nicht gefunden haben. Wenn Sie sich sicher sind, richtig zu liegen, lesen Sie die nächste Seite, und setzen Sie Ihr Abenteuer fort.

Wenn Sie nicht weiterkommen, lesen Sie **Hinweis 5189** am Ende des Buches. Sie kommen immer noch nicht weiter? Dann lesen Sie **Hinweis 4971**.

Rätsel um Leonardo

Die Wörter ergeben zwar auf den ersten Blick wenig Sinn, aber wenn Sie die Buchstaben des Alphabets um 17 Stellen verschieben, wird ein U zu einem D, ein R zu einem A, das J zu S, das Y zu H und so weiter. Unverschlüsselt lautet der Satz: „Das heutige Datum."

Sie haben Ihr Abenteuer am 9. Januar 2019 begonnen. Einen Tag verbrachten Sie in Clos Lucé und einen Teil der Nacht damit, die Codes zu entziffern. Am 10. Januar sind Sie also hier im Louvre angekommen. Anhand der Anzahl der Pieptöne wissen Sie, dass der Code aus sechs Ziffern besteht.

Der Code lautet daher **100119**.

Sie tippen die Ziffern auf der Tastatur ein. Die Tür öffnet sich und Sie betreten einen menschenleeren Flur. Die Tür schließt sich wieder hinter Ihnen.

Kapitel II – Im Louvre

Welch ein Kontrast zu den Ausstellungssälen! Hier ist alles steril wie in dem Tresorraum einer Bank. Am Ende des Flurs stehen Sie vor drei mit seltsamen Illustrationen verzierten Türen.

Hinter welcher Tür vermuten Sie das Gemälde?

Blättern Sie nicht zu Seite **62**, bevor Sie das Rätsel nicht gelöst haben. Wenn Sie sich sicher sind, richtig zu liegen, gehen Sie auf Seite **62**, und setzen Sie Ihr Abenteuer fort.

Wenn Sie nicht weiterkommen, lesen Sie **Hinweis 4357** am Ende des Buches. Sie kommen immer noch nicht weiter? Dann lesen Sie **Hinweis 5316**.

Rätsel um Leonardo

Kapitel II – Im Louvre

Rätsel um Leonardo

Sie öffnen die mittlere Tür, auf der „TRESOR" steht. Die linke führt in einen Raum für die Restaurierung von Gemälden und die rechte in ein Büro.

Sie kommen in einen Raum voller überdimensionaler Schließfächer und fühlen sich wie in einer Bank.

In all diesen Fächern befinden sich sicherlich kostbare Gemälde, aber in welchem Container befindet sich *Johannes der Täufer*?

Sie bemerken auf dem Boden ein Stück Papier, das aus der Tasche eines der Museumsmitarbeiter gefallen sein muss.

Kapitel II – Im Louvre

Sie müssen möglichst schnell das richtige Schließfach finden.

Blättern Sie nicht zu Seite **66**, bevor Sie das Rätsel nicht gelöst haben. Wenn Sie sich sicher sind, richtig zu liegen, gehen Sie auf Seite **66**, und setzen Sie Ihr Abenteuer fort.

Wenn Sie nicht weiterkommen, lesen Sie **Hinweis** 5301 am Ende des Buches. Sie kommen immer noch nicht weiter? Dann lesen Sie **Hinweis** 4622.

Notizen

Rätsel um Leonardo

Kapitel II – Im Louvre

Rätsel um Leonardo

Durch das Verbinden der Rechtecke mit den horizontalen Linien auf dem Zettel bilden die Linien die Zahlen 1 und 7.

Sie öffnen also vorsichtig Schließfach Nr. 17 und untersuchen den Inhalt. Auch wenn Sie eine Pappelholzplatte mit einem Ölgemälde einer der berühmtesten Frauen der Welt in der Hand halten – im Moment interessiert Sie das nicht. Das Gemälde, das Sie suchen, liegt darunter.

Sie legen die *Mona Lisa* vorsichtig auf den Boden und schnappen sich *Johannes den Täufer*.

Es von Nahem zu betrachten ist noch eindrucksvoller und verschlägt Ihnen den Atem.

Sie erinnern sich an den Satz: *„Die Antwort steckt unter dem Mantel des Schutzheiligen von Florenz".*

Versteckt sich irgendwo in dem Bild eine Botschaft? Sollten Sie einen guten Schuss Aceton verwenden, um die Farben zu entfernen, damit Sie die Botschaft finden können?

Nein! Das können Sie nicht machen.

Kapitel II – Im Louvre

Es sei denn ...

Nein, heutzutage gibt es andere Möglichkeiten, ein Kunstwerk zu inspizieren, wie Röntgenstrahlen oder Spektrometrie.

Zeigt der Finger von *Johannes dem Täufer* auf etwas Bestimmtes? Sie sehen sich das Gemälde genau an, können aber nichts Außergewöhnliches entdecken.

Warum trägt er ein solch langes Kreuz?

Bezieht sich der Hinweis auf eine Entfernung?

Der Porträtierte trägt lediglich ein Tierfell. Hat das etwas zu bedeuten? Offensichtlich befindet er sich an einem Ort, an dem es warm ist, aber es ist kalt genug, um sich mit einem Fell zu bedecken. Zeigt er auf einen entfernten Ort, zum Beispiel einen Berg? Vielleicht einen Berg in den Alpen, auf dem Weg, den Leonardo zweifelsohne nehmen musste, als er nach Frankreich reiste?

Ihr Kopf sprudelt vor Ideen, aber keine scheint die richtige zu sein.

Rätsel um Leonardo

Sie setzen sich auf den Boden und stellen das Gemälde vor sich. Noch einmal betrachten Sie es, mehr und mehr verzweifelnd. Sie könnten jederzeit entdeckt werden, und Sie stehen kurz davor, Ihr Abenteuer mit leeren Händen zu beenden.

Instinktiv drehen Sie das Gemälde um. Die Rückseite des Gemäldes ist interessanter als Sie denken. Sie sehen eine Reihe von Symbolen, die oben und unten auf der Rückseite der Leinwand aufgetragen wurden, können Sie aber kaum erkennen.

Vielleicht kann man mit einem kleinen Metallgegenstand die Wachsreste und den Schmutz, der sich in den Rillen angesammelt hat, abkratzen!

Sie müssen einen solchen Gegenstand schnell im Tresorraum finden.

> Blättern Sie nicht um, wenn Sie den Code nicht gefunden haben. Wenn Sie sich sicher sind, richtig zu liegen, lesen Sie die nächste Seite, und setzen Sie Ihr Abenteuer fort.
>
> Wenn Sie nicht weiterkommen, lesen Sie **Hinweis 3136** am Ende des Buches. Sie kommen immer noch nicht weiter? Dann lesen Sie **Hinweis 2679**.

Kapitel II – Im Louvre

Rätsel um Leonardo

Sie schauen sich noch einmal die Schließfächer an. Mit Container 28 scheint etwas nicht zu stimmen! Die letzte Ziffer ist keine 8, sondern der Buchstabe B! Sie kratzen an dem Buchstaben, und ein kleines Metallteil fällt auf den Boden.

Mit diesem improvisierten Werkzeug kratzen Sie die Rückseite der Leinwand sauber. Sie fühlen sich ein bisschen unwohl, weil Sie ein Werk von Leonardo da Vinci beschädigen könnten, aber es dient einem guten Zweck. Einige Minuten später ist Ihre Reinigungsaktion beendet. Sie nehmen Ihr Handy heraus und machen ein Bild der beiden Symbolsätze. Sie legen das Gemälde zusammen mit der *Mona Lisa* wieder in den Container zurück und verlassen den Tresorraum.

Erleichtert erreichen Sie einen der Korridore des Museums. Es war pures Glück, dass Sie nicht entdeckt wurden. Sie gehen zum Ausgang und versuchen, den Sicherheitskräften aus dem Weg zu gehen. Sie verlassen das Museum, atmen tief die Pariser Luft ein und machen sich zu Ihrer Wohnung auf, um die Fotos genauer zu begutachten.

Kapitel II – Im Louvre

Rätsel um Leonardo

Kapitel III
Paris, zu Hause

Zu Hause angekommen, wollen Sie die Fotos vom Handy auf Ihren Computer hochladen, aber offensichtlich ist jemand von der Organisation in Ihre Wohnung eingebrochen! Eine Haftnotiz klebt in der Ecke Ihres Computerbildschirms.

Die anfängliche Panik angesichts der Tatsache, dass jemand in Ihre Wohnung eingedrungen ist, weicht der Überlegung, dass der oder die Eindringlinge wahrscheinlich auf der „gleichen Seite" wie Sie stehen.

Immerhin hat Sie niemand niedergeschlagen und sie haben der Organisation das Leonardo-Pergament gezeigt. Nachdem Ihre Panikattacke verflogen ist, werfen Sie einen Blick auf den Klebezettel. Anscheinend haben sich die Einbrecher erlaubt, Ihr Computer-Passwort zu ändern!

Kapitel III – Paris, zu Hause

Wie lautet das neue vierstellige Passwort?

Blättern Sie nicht um, wenn Sie den Code nicht gefunden haben. Wenn Sie sich sicher sind, richtig zu liegen, lesen Sie die nächste Seite, und setzen Sie Ihr Abenteuer fort.

Wenn Sie nicht weiterkommen, lesen Sie **Hinweis 2810** am Ende des Buches. Sie kommen immer noch nicht weiter? Dann lesen Sie **Hinweis 4216**.

Rätsel um Leonardo

Auf der Haftnotiz befinden sich zwei Spalten mit Zahlen. Die Zahlen links sind Vorschläge für Passwörter und die Zahlen rechts zeigen die Anzahl der richtig gesetzten Ziffern in Grün, die Anzahl der richtigen, aber falsch positionierten Ziffern in Orange und die Anzahl der falschen Ziffern in Rot.

Nachdem Sie einige Minuten intensiv nachgedacht haben, geben Sie das Passwort **2712** ein. Der Computer fährt hoch. Sie starren auf den Bildschirm und Ihnen stockt der Atem, als Sie feststellen müssen, dass die Festplatte Ihres Computers komplett leer ist.

Zum Glück haben Sie erst kürzlich ein vollständiges Backup auf einer externen Festplatte erstellt. Sie schließen Ihr Sicherungslaufwerk an Ihren Computer an und sind einem Herzinfarkt nahe, als Sie feststellen, dass auch alle Daten von Ihrer externen Festplatte gelöscht wurden.

Es gibt nur ein einziges Dokument mit dem Dateinamen „Druck_mich".

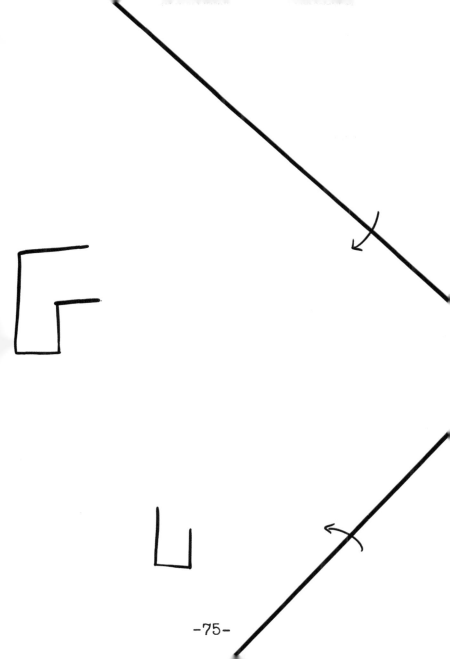

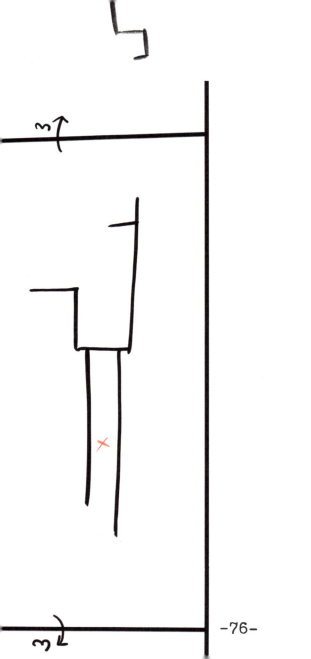

Kapitel III – Paris, zu Hause

Der Schock sitzt tief. Alle Daten, alle Texte, Aufsätze, Recherchen, Fotos, Erinnerungen ... Alles gelöscht! Aber warum haben die das getan? Was wollen die?

Der Drucker spuckt das Blatt Papier aus. Ein vollkommen idiotisches Gewusel an Linien in alle möglichen Richtungen. Was soll das darstellen?

Da Sie im Moment nicht wissen, was dieses Dokument zu bedeuten hat, kehren Sie zu Ihrer ersten Idee zurück: Laden und Drucken der im Louvre aufgenommenen Fotos.

Ihre Aufmerksamkeit richtet sich auf die Reihenfolge der Symbole.

Sie sind sicher, dass es sich um einen Geheimcode handelt.

Notizen

Rätsel um Leonardo

Kapitel III – Paris, zu Hause

Was wollen Sie als Nächstes tun?

Blättern Sie nicht um, wenn Sie den Code nicht gefunden haben. Wenn Sie sich sicher sind, richtig zu liegen, lesen Sie die nächste Seite, und setzen Sie Ihr Abenteuer fort.

Wenn Sie nicht weiterkommen, lesen Sie **Hinweis** 4714 am Ende des Buches. Sie kommen immer noch nicht weiter? Dann lesen Sie **Hinweis** 5258.

Rätsel um Leonardo

Die Buchstaben sehen aus wie ein Alphabet der Freimaurer, aber Sie bemerken, dass die untere Zeile 26 Zeichen hat. 26? Das entspricht unserem Alphabet! Nun können Sie den Satz entschlüsseln, der oben auf dem Gemälde steht: „In meinem letzten Wohnsitz".

Wessen letztes Zuhause? Das von Johannes dem Täufer? Nein, sicherlich das von Leonardo da Vinci!

Aber wo wurde er begraben?

Sie starten Ihren Internetbrowser auf der Suche nach dem Grab des großen Meisters.

So ein Mist! Die Stiftskirche, in der sich das Grab Leonardos befand, wurde zu Beginn des 19. Jahr-

Notizen

Kapitel III – Paris, zu Hause

hunderts vom damaligen Besitzer zerstört. Es war wohl die Art der Zeit, das heruntergekommene Gebäude zu „restaurieren".

Die Überreste des Meisters wurden ein halbes Jahrhundert später gefunden und sein heutiges Grab befindet sich nicht mehr an derselben Stelle.

Wenn seine Werke in seinem Grab versteckt gewesen wären, wären sie doch sicher bei den Ausgrabungen gefunden worden ...

Dort war also nichts. Diese ganze Schnitzeljagd war also offensichtlich nur die Idee eines Irren. Oder wurden seine Geheimnisse aufgedeckt und vernichtet? Das alles ...

Notizen

Rätsel um Leonardo

... für ...

Kapitel III – Paris, zu Hause

... nichts.

Rätsel um Leonardo

War's das?

Ihre Wohnungstür öffnet sich mit einem lauten Knall. Sie springen auf und greifen nach einer kleinen goldenen Statue auf Ihrem Schreibtisch, die Sie als Waffe verwenden könnten.

Doch es sind keine Einbrecher, sondern ungefähr fünfzehn Leute mit Kameras, Mikrofonen und Scheinwerfern.

Ein Mann, der sich durch sein Auftreten und sein penetrantes Lächeln offensichtlich als Chef der Truppe fühlt, spricht Sie an und hält sich sein Mikrofon unter die Nase.

„Glückwunsch, Alex!", sagt er. „Kein Teilnehmer unseres großartigen Spiels ist so weit gekommen!

War's das?

Sie waren erfolgreich, wo viele andere gescheitert sind. Sagen Sie unseren Zuschauern, wie Sie sich fühlen."

„Was ist hier los? Was soll das? Wer sind Sie? Na los, antworten Sie mir!"

„Komm, beruhige dich, Alex", entgegnet mir der Moderator amüsiert. „Sie haben gerade an der Reality-Show *Zwischen Mythos und Realität* teilgenommen und sind der glückliche Gewinner der ersten Staffel!"

„Was?! Aber ich habe noch nie von dieser dummen Show gehört! Raus aus meiner Wohnung oder ich rufe die Polizei!"

Rätsel um Leonardo

Der Moderator wendet sich einem seiner Mitarbeiter zu.

„Das müssen wir alles rausschneiden!", sagt er wütend, bevor er sich wieder zu Ihnen umdreht. „Hör mir zu, mein Kleiner, du wirst meine Show nicht mit deiner miesen Art verderben. Du solltest schnell begreifen, dass dies alles nur ein Spiel war, ist das klar?"

Sie sind wie paralysiert und wissen nicht, was Sie antworten sollen. Zu viele Gedanken toben in Ihrem Kopf.

Eine Assistentin tritt zu Ihnen heran. Sie lächelt Sie an und redet ganz ruhig mit Ihnen.

„Hallo Alex, ich bin Alice, die Skriptmanagerin des Projekts. Sie waren gerade Teil eines außergewöhnlichen Abenteuers. Lassen Sie es mich erklären: *Zwischen Mythos und Realität* ist eine Show, in der die Teilnehmer, ohne es zu wissen, Rätsel

War's das?

lösen müssen, die nie geklärt wurden. Wir bringen unsere Kandidaten an ihre Grenzen. Sie wurden rund um die Uhr mit überall platzierten Minikameras gefilmt.

Wir haben schon mehrere Shows zu verschiedenen Themen mit vielen Kandidaten gedreht. Es gab die Suche nach der versunkenen Stadt, die Suche nach den hängenden Gärten und so weiter.

Sie wurden ausgewählt, um die verborgenen Geheimnisse von Leonardo da Vinci zu entdecken. Und Sie waren mit Abstand der Beste unserer Wettbewerber."

Sie können es nicht fassen. Es ist noch schlimmer, als Sie es sich vorgestellt haben. Das war also alles nur ein Spiel! Sind Sie so viele Risiken für rein gar nichts eingegangen?

„Alles nur ein Spiel?", fragen Sie sich mit leiser Stimme.

Rätsel um Leonardo

„Nicht wirklich", antwortet die Assistentin, „die Grundlage jeder unserer Geschichten beruht auf wahren Begebenheiten. Zum Beispiel haben wir im Schloss Clos Lucé nichts geändert. Wir waren uns der Existenz des Pergaments in dem venezianischen Sekretär bewusst, das echt ist, und haben Ihre Handlungen vorweggenommen. Erst dann war alles Fiktion. Haben Sie denn wirklich gedacht, dass es so einfach ist, ein Meisterwerk im größten Museum der Welt zu stehlen?", fügt sie amüsiert hinzu.

„Ich spreche im Namen des gesamten Teams, um Ihnen zu Ihrer …"

„Hauen Sie ab", sagen Sie in einem ruhigen, aber bestimmten Ton.

„Alex, hören Sie zu …"

„Raus hier! Raus!" Sie schreien.

Das gesamte Team verschwindet aus Ihrer Wohnung angesichts der Tatsache, dass Sie mit allen zur Verfügung stehenden Gegenständen drohen.

War's das?

Sie sind wütend. Sie wurden betrogen, belogen und Sie hassen dieses Gefühl! Wenn diese Bilder tatsächlich ausgestrahlt werden, werden Sie sich zum Narren machen. Ihre Kollegen werden Sie auslachen, Sie werden nie wieder ernst genommen. Sie dachten, dass dieses Abenteuer der Ausgangspunkt für Ihre berufliche Karriere sein würde, und jetzt machen Sie sich zur Lachnummer. Das ist Ihr berufliches Ende!

Wie fürchterlich! Dann starren Sie wieder auf das Blatt, das Sie vorhin ausgedruckt haben, bevor dieses Chaos losging.

Was möchten Sie jetzt tun?

Blättern Sie nicht um, wenn Sie den Code nicht gefunden haben. Wenn Sie sich sicher sind, richtig zu liegen, lesen Sie die nächste Seite, und setzen Sie Ihr Abenteuer fort.

Wenn Sie nicht weiterkommen, lesen Sie **Hinweis 3716** am Ende des Buches. Sie kommen immer noch nicht weiter? Dann lesen Sie **Hinweis 4890**.

Rätsel um Leonardo

Wofür stehen diese Striche? Und die kleinen Pfeile? Könnte dies eine Anleitung zum Falten sein?

Sie falten das Papier entlang der Linien. Sieht fast so aus, wie eine Art ... Pistole?

Ah nein, natürlich! Es ist eine Skizze des Schlosses Clos Lucé und das rote Kreuz weist auf einen bestimmten Platz in der Freiluftgalerie hin.

Und wenn das nur ein weiterer Trick dieser TV-Show-Idioten ist?

Nein, sonst hätten die das Spiel nicht abgebrochen und gesagt, dass er der beste Teilnehmer sei ... Ist dies also eine echte Botschaft der Schüler Leonardos?

Es gibt nur eine Möglichkeit, die Lösung zu finden: Sie müssen zurück zum Schloss Clos Lucé.

Kapitel IV
Zurück im Schloss Clos Lucé

Sie sind zurück im Schloss Clos Lucé. Zumindest sind Sie diesmal wach und bei vollem Bewusstsein!

Die Sonne scheint und Sie nähern sich dem Park.

Dort gibt es lebensgroße Maschinen, die von Leonardo da Vinci entworfen und seinen Skizzen nachempfunden wurden. Ziemlich beeindruckend, sie in Lebensgröße zu sehen!

Rätsel um Leonardo

Kapitel IV – Zurück im Schloss Clos Lucé

Rätsel um Leonardo

Sie verstecken sich erst einmal in dem Panzer. Unter Ausnutzung der anderen Modelle überqueren Sie die berühmte zwanzig Meter hohe Doppelspannbrücke, die mit alten Techniken hergestellt wurde. Sie befinden sich auf einer Art Reise durch die Werke Leonardo da Vincis.

Ihr kleiner Ausflug endet im ersten Stock des Schlosses.

Es sind viele Besucher in Leonardos Zimmer. Sie durchqueren es und verlassen es durch die Hintertür, die direkt zur Galerie führt.

Sie stoßen auf einen langen offenen Korridor mit Backsteinmauern und Holzbalken – ein großartiger Ausblick! Auf einer Seite können Sie die Gärten sehen, auf der anderen Seite die Gebäude.

Sie nehmen den Ausdruck zur Hand und versuchen, so nah wie möglich an die durch das rote Kreuz gekennzeichnete Stelle zu gelangen.

Kapitel IV – Zurück im Schloss Clos Lucé

Hier müsste es sein. Was jetzt? Wird jemand Sie treffen? Müssen Sie eine Nachricht suchen? Etwas kaputt machen? Am Ende sogar aufgeben?

Sie hoffen aufrichtig, dass Sie nicht wieder in eine Falle dieser TV-Show-Idioten getappt sind!

Sie atmen tief ein und beschließen, sich sorgfältig umzusehen.

Was werden Sie tun?

> Blättern Sie nicht um, wenn Sie den Code nicht gefunden haben. Wenn Sie sich sicher sind, richtig zu liegen, lesen Sie die nächste Seite, und setzen Sie Ihr Abenteuer fort.
>
> Wenn Sie nicht weiterkommen, lesen Sie **Hinweis 3298** am Ende des Buches. Sie kommen immer noch nicht weiter? Dann lesen Sie **Hinweis 4407.**

Rätsel um Leonardo

Sie kommen an eine rätselhafte Nachricht in einem Holzpfeiler, in dem Sie den Buchstaben **E** gefunden haben. Diese Zahlenreihe ist mit Sicherheit ein Code.

S steht für „Seite", *Z* für „Zeile" und *W* für „Wort". Jede Zahlenreihe entspricht daher einem Wort in diesem Buch.

Nach der Entschlüsselung erhalten Sie folgende zwei Sätze: *„Vertraue den Schriften des Meisters. Untersuchen Sie noch einmal sein Zimmer."*

Sie sollen also in Leonardos Zimmer zurückkehren, um es erneut zu untersuchen.

Hmm. Eine Falle? Oder eine ernsthafte Spur, die die Schüler von Leonardo da Vinci Ihnen hinterlassen haben?

Sie zögern. Diesem Braten trauen Sie nicht. Das ist doch zum Verzweifeln! Sie werfen den Metallzylinder und den Zettel zu Boden und beschließen, dieses vermaledeite Schloss ein für alle Mal zu verlassen. Sie kehren der Galerie den Rücken und kehren in Leonardos Zimmer zurück. Ein letzter

Kapitel IV – Zurück im Schloss Clos Lucé

Blick gilt dem Bett, dem venezianisches Sekretär und den wenigen anderen Möbelstücke im Raum.

Dann kommen Sie in das Zimmer von Margarete von Navarra, der Schwester von König Franz I.

Sie durchqueren es, als Ihnen ein Detail auffällt: der Boden! Die Fliesen hier sind viel glatter als in Leonardos Zimmer. Sie schauen in den Flur: Auch hier gibt es nur glatte Fliesen.

Sie kehren in Leonardos Schlafzimmer zurück. Inzwischen sind keine Besucher mehr da, und Sie können die Fliesen genau inspizieren.

Wie konnten Sie übersehen, dass die Fliesen offensichtlich ein Geheimnis verbergen?

Sie treten einen Schritt zurück und versuchen, den ganzen Boden im Überblick zu erfassen.

Sie trauen Ihren Augen nicht. Ein Teil des Bodens ist mit Buchstaben bedeckt, die unscheinbar, aber dennoch sichtbar, in die Terrakottafliesen eingraviert wurden. Die Anordnung scheint keiner bestimmten Logik zu folgen und einige Buchstaben wiederholen sich. Selbst nach minutenlangem

Rätsel um Leonardo

Starren auf die Steinfliesen können Sie aus den Buchstaben keinen sinnvollen Satz bilden.

E	H			Y	B						
	J	E	M	L	A	X	A	G	E	V	Q	R	T	F
	A	G	H	N	K	P	N	M	H	I	P	U	Q	H
					K	B	T	C	Y	T	V	I	N
					M	L	Z	F	B	A	J	D	J
					F	O	R	A	R	V	F	L	M
					T	R	I	Y	B	Z	U	H	E

Sie machen eine Skizze der Buchstaben auf den Fliesen und versuchen, die Logik zu verstehen. Wenn Sie auf einer Fliese stehen, passiert nichts.

Wenn Sie jedoch auf eine Fliese drücken, rastet diese leicht ein; aber nach der fünften gedrückten Fliese werden alle wieder nach oben geschoben.

Sie erinnern sich an die Notiz, die Sie vor kurzem gefunden haben: *„Vertraue den Schriften des Meisters …"*. Bezieht sich das auf etwas, das Sie zuvor entdeckt haben?

Kapitel IV – Zurück im Schloss Clos Lucé

Ist das im venezianischen Sekretär versteckte Manuskript der Schlüssel zu diesem Geheimnis? Ohne Zweifel!

Ihre Begeisterung für die Entdeckung des verborgenen Geheimnisses nimmt überhand.

Sie sind sicher, dass Sie einen Code suchen müssen, und Sie wissen, dass er fünf Buchstaben enthalten muss.

Blättern Sie nicht um, wenn Sie den Code nicht gefunden haben. Wenn Sie sich sicher sind, richtig zu liegen, lesen Sie die nächste Seite, und setzen Sie Ihr Abenteuer fort. Wenn Sie nicht weiterkommen, lesen Sie **Hinweis** 4291 am Ende des Buches. Sie kommen immer noch nicht weiter? Dann lesen Sie **Hinweis** 3112.

Rätsel um Leonardo

Das Manuskript, das Sie einige Tage zuvor im venezianischen Sekretär entdeckt haben, besagte:

Die Antwort steckt unter dem Mantel des Schutzheiligen von Florenz.

Leonardo bezog sich in seinem Gemälde nicht auf Salai, wie die Macher der TV-Show glaubten, sondern buchstäblich und im wahrsten Sinn des Wortes auf die Buchstaben auf den Fliesen in Leonardos Schlafzimmer.

Als Sie die verfügbaren Buchstaben auf den Fliesen betrachten, stellen Sie fest, dass es nicht möglich ist, dort in irgendeiner Form die fünf Buchstaben für den Begriff „SALAI" zu finden. Hingegen sind alle Buchstaben vorhanden, die für die Initialen des richtigen Namens erforderlich sind: Gian Giacomo Caprotti da Oreno.

Kapitel IV – Zurück im Schloss Clos Lucé

CCCDO! Das ist der Code! Sie sind sicher.

Sie drücken auf die besagten Fliesen, die sich fast unmerklich bewegen, und es passiert etwas Unglaubliches – etwas, das nur in Filmen oder Büchern passiert.

Im Kamin ist ein Klicken zu hören. Sie schauen genau hin und sehen, dass sich die schwere Gusseisenplatte vor dem Kamin von der Wand gelöst hat. Sie versuchen, sie zu bewegen, und dank eines raffinierten Mechanismus bewegt sich das gesamte Fundament des Schornsteins. Dahinter erscheint ein Abgang mit einer Treppe, der riecht, als wäre er seit Jahrhunderten nicht mehr betreten worden.

Sie bleiben für einen Moment wie gelähmt vor diesem dunklen Loch stehen. Aufregung und Angst vermischen sich.

Rätsel um Leonardo

Sie ziehen Ihr Handy aus der Tasche, schalten die Taschenlampe ein und steigen die Treppe nach unten.

Sie scheint endlos zu sein. Sie sind im ersten Stock des Hauses gestartet. Beim Abzählen der Stufen stellen Sie fest, dass Sie sich ungefähr auf dem Niveau des Kellers befinden müssen.

Sie hoffen, bald am Ziel zu sein: Das Treppensteigen ist nicht allzu anstrengend, aber Sie haben Angst.

Wie viele Stufen noch?

Ein paar Augenblicke später kommen Sie endlich am Fuß der Treppe an. Wenn Sie sich nicht irren, sind Sie eine Ebene unter dem Keller des Schlosses.

Gegenüber befindet sich ein langer, sehr dunkler Flur. Ihre kleine Taschenlampe dringt kaum durch die Dunkelheit, aber Sie entschließen sich, trotzdem weiterzugehen: Sie sind schließlich nicht den

Kapitel IV – Zurück im Schloss Clos Lucé

ganzen Weg hierher gekommen, um so kurz vor dem Ziel aufzugeben! „Nicht nachdenken", sagen Sie sich.

Nicht daran denken, dass ein Skelett, das hier seit einem halben Jahrtausend vor sich hinmodert, plötzlich aufstehen und Ihre Schulter berühren könnte. Höchst seltsame Idee!

Weitergehen. Schneller, viel schneller. Atmen.

Wann endet dieser verdammte Flur? Sie sind mindestens fünfhundert Meter gelaufen.

Oh nein! Der Akku Ihres Telefons ist leer. Dunkelheit und ... totale Panik!

BAM!

Sie haben sich heftig den Kopf gestoßen und sind ein bisschen benommen.

Sie berühren mit den Fingerspitzen, woran Sie sich gestoßen haben: eine schwere Holztür.

Rätsel um Leonardo

Sie finden den Griff, können die Tür aber nicht öffnen. Offensichtlich ist sie verschlossen.

Sie untersuchen die Tür und berühren mehrere Metallringe. Insgesamt gibt es sechs in zwei Dreierreihen. Dazwischen fühlen Sie zwei Buchstaben, die in die Tür eingraviert sind: ein N und ein C.

Auf jedem Ring ertasten Sie fünf Kerben und in jeder befindet sich ein eingravierter Buchstabe. Sie versuchen, dies alles im Geiste aufzulisten.

Auf dem ersten Ring: F, A, S, L und I.

Auf dem zweiten Ring: Q, U, L, T und R.

Auf dem dritten Ring: V, A, O, T und N.

Auf dem vierten Ring: G, B, O, H und K.

Auf dem fünften Ring: I, V, E, L und S.

Auf dem sechsten Ring: Y, F, S, N und E.

Sie sind sicher, dass, wenn die Ringe in die richtige Position gedreht werden, diese ein Wort bilden und die Tür sich öffnet.

Kapitel IV – Zurück im Schloss Clos Lucé

Wie lautet das Lösungswort?

Blättern Sie nicht um, wenn Sie den Code nicht gefunden haben. Wenn Sie sich sicher sind, richtig zu liegen, lesen Sie die nächste Seite, und setzen Sie Ihr Abenteuer fort.

Wenn Sie nicht weiterkommen, lesen Sie den **Hinweis** 3333 am Ende des Buches. Sie kommen immer noch nicht weiter? Dann lesen Sie **Hinweis** 4792.

Notizen

Rätsel um Leonardo

Mehrere Minuten denken Sie über die Buchstabenkombination nach. Eine logische Reihenfolge scheint es nicht zu geben. Sie versuchen, einen kühlen Kopf zu bewahren, können aber keinen klaren Gedanken fassen.

Die Dunkelheit um Sie herum ist so tief, dass Ihre Augen auch nach einigen Minuten noch nichts erkennen können – alles ist komplett schwarz.

Doch dann haben Sie einen Geistesblitz. Sie sind schließlich in Amboise, und wie hieß der König, der Gönner Leonardos, der sich hier in dieser Stadt sein Lustschloss kaufte? Franz. Aber das passt nicht. Natürlich! Sie müssen den französischen Namen wählen, schließlich sind Sie in Frankreich!

Sie drehen die Ringe vorsichtig, damit sie das Wort **FRANCOIS** bilden und ... es passiert erst einmal nichts.

Kapitel IV – Zurück im Schloss Clos Lucé

Hoffnungsvoll suchen Sie nach dem Türgriff. Sie atmen einmal tief durch und drücken den Griff nach unten.

Mit einem Knirschen öffnet sich die Tür. Staub wirbelt auf, der Sie zum Husten bringt. Ein Lichtstrahl aus einer winzigen Lüftungsöffnung dringt in den Raum ein, und Sie sind für einige Momente geblendet. Doch langsam gewöhnen sich Ihre Augen an die Helligkeit.

Sie betreten den Raum, und die Tür schließt sich geräuschlos hinter Ihnen. Um Sie herum: jede Menge seltsame Dinge. Sie befinden sich in einer Art Kuriositätenkabinett. Es gibt einige Tische, auf denen Skizzen und Manuskripte liegen, Staffeleien, die unfertige Leinwände tragen, und Holztafeln, an denen anatomische Zeichnungen hängen.

Könnte es sein, dass …?

Rätsel um Leonardo

Kapitel V
Das geheime Atelier Leonardos

Kein Zweifel: Sie befinden sich im geheimen Atelier des Großmeisters, und angesichts des Staubs, der alles bedeckt, muss die Existenz dieses Raums viele Jahre, sogar Jahrhunderte lang, unentdeckt geblieben sein!

Offensichtlich sind die wenigen Gemälde an den Wänden echte und unbekannte Werke von Leonardo da Vinci. Alles in diesem Raum wurde noch von keinem Menschen der heutigen Zeit in Augenschein genommen!

Sie haben das Geheimnis gelüftet. Sie haben eine der wichtigsten Entdeckungen dieses Jahrhunderts gemacht!

Kapitel V – Das geheime Atelier Leonardos

Sie haben endlich Ihren Artikel!!!

Ohne etwas anzufassen schauen Sie sich die Holzbilder, die Gemälde, die Skulpturen und alles an, was auf den Tischen liegt. Es ist unglaublich.

Ihr erster Reflex besteht darin, Ihr Handy herauszunehmen, um Fotos zu machen, als Sie sich daran erinnern, dass der Akku leer ist.

Sie sind von wunderschönen Manuskripten sowie unbekannten Werken des Meisters umgeben.

Sie fragen sich, ob Sie am Ende Ihres Abenteuers angekommen sind. Warum hat Leonardo all diese Werke in diesem Raum versteckt?

Rätsel um Leonardo

Kapitel V – Das geheime Atelier Leonardos

-III-

Rätsel um Leonardo

Welche Forschungsergebnisse hat Leonardo wohl im Sinn gehabt, von denen in dem Pergament die Rede war?

Sie beobachten alle Skizzen und Objekte noch einmal sorgfältig. Was Ihnen auffällt: Nirgendwo gibt es etwas Mysteriöses, bisher Unbekanntes.

Ob in Bezug auf Anatomie oder Mechanik – alles repräsentiert Sachverhalte, die Leonardo da Vinci erforscht hat. Warum also diese Geheimnistuerei?

In einer Ecke des Raumes entdecken Sie eine Holzkiste, die der ähnelt, die vor Kurzem vor Ihrer Wohnungstür stand. Der einzige Unterschied sind die Symbole unter den Zahlenrädchen.

Kapitel V – Das geheime Atelier Leonardos

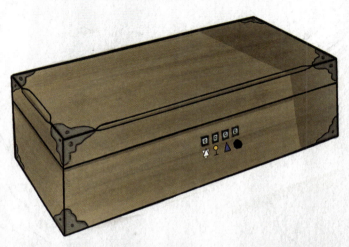

Zum Öffnen benötigen Sie einen vierstelligen Code.

Blättern Sie nicht um, wenn Sie den Code nicht gefunden haben. Wenn Sie sich sicher sind, richtig zu liegen, lesen Sie die nächste Seite, und setzen Sie Ihr Abenteuer fort.

Wenn Sie nicht weiterkommen, lesen Sie **Hinweis 5483** am Ende des Buches. Sie kommen immer noch nicht weiter? Dann lesen Sie **Hinweis 4591**.

Rätsel um Leonardo

Die Symbole auf der Kiste ähneln den Objekten in den Regalen auf der rechten Seite des Raums. Über dem Tisch im hinteren Teil des Raums befinden sich Notizen auf den Skizzen, die sich auf Farben beziehen.

Sie vergleichen die Objekte mit den Symbolen und erhalten die Ziffernfolge 7431. Nun schauen Sie auf die Farbe der Symbole auf der Kiste und führen die entsprechenden arithmetischen Operationen durch, die auf den Skizzen zu den jeweiligen Farben angegeben sind. Verrückt: Das Ergebnis ist **2019**!

Unglaublich. Das kann kein Zufall sein. Leonardo da Vinci wusste, dass genau 500 Jahre nach seinem Tod diese Kiste geöffnet werden würde!

In der Truhe befinden sich Manuskripte, eine Reihe von Zeichnungen und Texte. Aber wie ist das möglich? Die Blätter kommen direkt aus einem Drucker!

Und Sie finden – Fotos!? Hat Leonardo da Vinci das Geheimnis der Zeitreise entdeckt? Das ist nicht

Kapitel V – Das geheime Atelier Leonardos

einmal nach heutigem Kenntnisstand möglich! Aber nach den wenigen Zeichnungen und Fotos, die Sie vor sich haben, scheint das der Fall zu sein.

Vielleicht eine Falle? Möglicherweise hat man Sie schon wieder hereingelegt. Sie warten darauf, dass das TV-Team auftaucht, aber es ist absolut still.

Ganz unten in der Kiste befindet sich ein Umschlag mit der Aufschrift „Für Alex Mirzoyan". Er ist an Sie gerichtet! Erschöpft lassen Sie sich auf einem Stuhl nieder. Sie sind fassungslos. Wie ist das möglich? Wie kann ein Brief für Sie in einer Kiste liegen, die seit mehr als 500 Jahren nicht mehr geöffnet wurde?

Sie lesen den Brief. Darin erklärt Leonardo, was Sie gerade herausgefunden haben. Er fand einen Weg, zwischen Vergangenheit und Zukunft hin und her zu reisen. Und entdeckte, dass einige seiner Erfindungen, die er nur skizziert hatte, tatsächlich realisiert und perfektioniert, aber zu Bereicherung und Machtmissbrauch benutzt wurden.

Rätsel um Leonardo

Er erklärt, dass er sich schon immer von der Natur inspiriert fühlte, um Menschen dazu zu bringen, neue Dinge zu tun, bessere Menschen zu werden, sich zu vervollkommnen, das Unverständliche zu verstehen. Aber als er sah, dass seine Forschung nur Zerstörung nach sich zog, entschloss er sich, einen großen Teil davon zu verbergen, um die Evolution zu verlangsamen, in der Hoffnung, dass seine Überlegungen zu einem Zeitpunkt wieder aufgegriffen würden, an dem die Menschheit vernünftiger geworden sei.

In Anbetracht des Hasses, der in den modernen Zeiten herrschte, weist er in seinem Brief darauf hin, dass er es vorziehe, in seine Herkunftszeit zurückzukehren und in Gesellschaft seiner Familie friedlich zu sterben. Sein Schüler Francesco Melzi und der König kannten die Wahrheit. Trotz aller Macht, die die Zeitreisen ihm hätten geben können, benutzte der König sie nie. Er behielt das Wissen um Leonardos geheimes Atelier, das sich im unteren Keller seines Schlosses von Amboise befand, für sich.

Kapitel V – Das geheime Atelier Leonardos

Als Sie den Brief zu Ende gelesen haben, schütteln Sie den Kopf. Sie müssen so viele unglaublichen Informationen erst einmal verarbeiten! Ein enormer Druck lastet auf Ihren Schultern. Was sollen Sie tun: Erzählen Sie von Ihren Entdeckungen oder behalten Sie sie für sich? Wird das die Welt besser machen? Wird dies Menschen daran hindern, sich gegenseitig zu hassen und zu töten?

Dann stellen Sie sich vor, welche Wellen die Veröffentlichung Ihres Artikels schlagen würde. Die Enthüllung dieser Sensation und all dieser Erfindungen, einschließlich der Zeitmaschine – und nur Gott weiß, welch andere Innovationen noch –, würden Ihnen zweifellos den nächsten Pulitzer-Preis bescheren.

Doch je mehr Sie darüber nachdenken, desto mehr wird Ihnen klar, dass Leonardo Recht hatte. In der gegenwärtigen Ära gibt es immer noch zu viel Hass und Krieg. Menschen suchen nach Wegen, um reich zu werden und um zu kämpfen. Es wäre Wahnsinn, der Welt all diese Macht zu geben. Das können Sie nicht tun!

Rätsel um Leonardo

Sie entscheiden, wie Leonardo vor 500 Jahren, dass seine Forschungen geheim bleiben müssen. Die Zeit wird ihren Lauf nehmen, so wie Leonardo es zu seiner Zeit schon vorausgesehen hatte. Das ist sein Wille, davon sind Sie überzeugt.

Sie sind zweifellos einer der Schüler von Leonardo da Vinci. Sie müssen sein Gedächtnis, seine Werke und die Welt schützen.

Die wenigen Leinwände, die Sie entdeckt haben, sind besser in einem Museum – oder zu Hause – aufgehoben und ermöglichen Ihnen, einen Weltklasse-Artikel zu schreiben! Das ist ein guter Kompromiss.

Wie auch immer, eine dringlichere Frage kommt Ihnen in den Sinn: Wie kommen Sie hier raus?

Sie greifen nach dem Türgriff und stellen fest, dass die Tür verriegelt ist.

Sie erkunden den Raum. Hinter einem Wandbehang entdecken Sie einen kleinen Flur, der Sie in einen anderen Raum führt, der viel kleiner ist als

Kapitel V – Das geheime Atelier Leonardos

der erste. Hier ist eine Tür, die von einem seltsamen Mechanismus verschlossen wird. An der Tür sehen Sie drei Knöpfe mit Ziffern von 0 bis 9 sowie einen Satz: „Mit meinem Namen kannst du immer rechnen".

Sie sind ratlos.

Wie lautet der Code, um die Tür zu öffnen?

Sie betrachten den Mechanismus. Sie denken, dass Sie herausgefunden haben, wie man die Tür öffnet.

Wirklich? Sind Sie sicher?

Senden Sie Ihre Antwort an die Schüler von Leonardo da Vinci an folgende E-Mail-Adresse:

thetruedavinci@gmail.com

und finden Sie heraus, ob Sie das Geheimnis von Vinci gelüftet haben ... und wieder nach Hause kommen!

ENDE

Rätsel um Leonardo

HINWEISE

2679: Achten Sie auf die Schließfächer mit den Nummern von 20 bis 29.

2810: Mastermind.

2907: Wo sind Ihnen diese Farben schon einmal begegnet?

2993: Spieglein, Spieglein an der Wand.

3112: Wenn Sie das Wort „SALAI" auf den Fliesen nicht finden können, verwenden Sie doch einfach den richtigen Namen!

3136: Schauen Sie sich noch einmal die Schließfächer an.

3238: Transparent lesen!

3298: Genau beobachten!

3333: In welcher Stadt befinden Sie sich?

3716: Betrachten Sie das ausgedruckte Blatt und falten Sie es entlang der Linien.

3845: Untersuchen Sie den Raum ganz genau!

4107: Schauen Sie noch einmal in die Broschüre!

HINWEISE

4216: Der Code enthält zwei identische Ziffern.

4291: Wer stand angeblich Modell für das Gemälde des heiligen Beschützers von Florenz?

4319: Beginnen Sie mit dem T in der dritten Zeile.

4357: Die Illustrationen auf den Türen sind wichtig.

4407: Konzentrieren Sie sich auf die drei Initiale. Was könnten sie bedeuten?

4591: Schauen Sie sich die Objekte im Regal und die Anmerkungen auf den Skizzen an.

4622: Die „-" ergeben eine Zahl.

4673: Die Gewölbeeinfassung auf der rechten Seite der Abbildung könnte einen Hinweis liefern.

4714: Wie viele Zeichen stehen in der Zeile unten?

4768: Konzentrieren Sie sich auf die fetten Buchstaben auf der Karte.

Rätsel um Leonardo

4792: Der König.
4833: Die Farben bestimmen die Reihenfolge des Codes.
4890: An was erinnert Sie dieser Form?
4919: Welche Möbelstücke gibt es in dem Raum?
4943: Römische Ziffern.
4971: Wie lautet das Datum von gestern?
5018: Die Farben spielen keine entscheidende Rolle.
5146: Jedes Symbol enthält viermal dieselbe Ziffer.
5189: „U" ist gleich „D".
5227: Untersuchen Sie das Kopfteil des Bettes.
5258: ABCDEFGHIJKLMNOPQRSTUVWXYZ
5301: Die Notiz ist kein Abbild der Schließfächer.
5316: Drehen Sie die Buchseite ein wenig und betrachten Sie die Abbildungen aus einem anderen Winkel.
5483: Wo haben Sie diese Symbole schon einmal gesehen?

Decoder für versteckte Buchstaben

C	Wenn Sie die Aprikose öffnen, entdecken Sie … einen Kern. Nun, zumindest verstehen Sie das Prinzip des Decoders!
A	In der Mauereinfassung finden Sie einen kleinen zusammengerollten Zettel mit dem Text: „Code des Tages: BEIGE".
V	Auf dem Zettel in dem Metallzylinder steht: „Auf dem Balkon schaue ich links in die Sonne. Bevor ich durch das Tor hinausgehe, halte ich mich rechts. Wenn ich auf dem Boden stehe, bleibe ich lieber in der Mitte.
B	Ein kleines Stück Metall löst sich von dem Schließfach. Wahrscheinlich nutzlos, aber man weiß ja nie …
E	In dem Holzpfeiler entdecken Sie ein zylindrisches Rohr mit derselben Form wie das im Bett. Darin befindet sich ein kleiner Zettel, auf dem drei Buchstaben und eine Reihe von Zahlen geschrieben stehen: SZW: 26-14-3 / 18-5-7 / 20-5-5 / 21-3-4 / 80-11-6 / 18-2-1 / 30-7-2 / 44-4-3 / 68-2-5 / 84-9-6 / 94-9-7

Rätsel um Leonardo

GLÜCKWUNSCH!

Vielen Dank für Ihre Teilnahme am großartigen Spiel „Zwischen Mythos und Realität".

Sie sind unser bester Teilnehmer!

Niemand vor Ihnen hat es geschafft, so weit zu kommen.

Wir bedanken uns für Ihre Teilnahme.

Notizen

Rätsel um Leonardo

Notizen

Notizen